# RÉPONSE

D'UN

## FERMIER DE LA BRIE

A

# M. MENIER

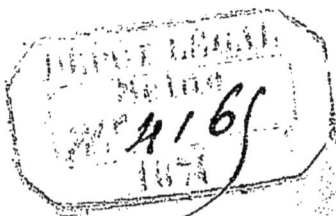

# RÉFORME FISCALE

## RÉPONSE

D'UN

# FERMIER DE LA BRIE

A

# M. MENIER

Fabricant de Chocolat à Noisiel (Seine-et-Marne).

PARIS

TYPOGRAPHIE ROUGE, DUNON ET FRESNÉ

RUE DU FOUR-SAINT-GERMAIN, 43

1874

# RÉPONSE

D'UN

## FERMIER DE LA BRIE

À

## M. MENIER

---

Dans la commune que j'habite, nous avons reçu ces jours derniers votre brochure intitulée : *Conférence sur la Réforme fiscale.*

Je ne l'avais pas lue, lorsque le hasard fit hier tomber cette phrase sous mes yeux : « Jusqu'à « présent, nos législateurs, nos ministres des « finances, ont fait de l'économie politique comme « les alchimistes faisaient de la science et comme « les sorciers faisaient de la médecine. »

Comment ! me dis-je, des sorciers et des alchimistes : Sully, qui a restauré nos finances, épuisées par une longue suite de guerres civiles et étrangères; Colbert, dont les sages ordonnances revivent tout entières dans nos Codes; Turgot, qui a affirmé le principe fécond de la liberté du commerce ; Necker, dont les conceptions financières eussent pu, si elles avaient été appliquées, conjurer la banqueroute ! des alchimistes et des sorciers : Mollien, le baron Louis, Humann, Fould ! et... j'allais ajouter le nom de M. Magne, mais je m'arrête pour ne pas toucher le terrain brûlant de la politique.

Ma curiosité était piquée au vif : je me mis donc à lire. Après avoir marché de surprise en surprise, j'éprouvai un profond désappointement, quand je vis que vous nous proposiez, comme une primeur, un projet de réforme, depuis longtemps reconnu pour impraticable.

C'est ce que je veux démontrer sans plus de préambule.

# I

Vous dites : « Notre impôt fausse la répartition
« des richesses ; il est organisé de telle sorte que
« non-seulement il décourage l'épargne mais la
« rend impossible. Il limite le besoin de l'ouvrier
« au plus strict nécessaire. Il arrête toute entre-
« prise à son premier pas. Il ôte l'espérance au
« travailleur. Il le menace de la misère... Ce sont
« ceux qui travaillent, et qui ne sont pas encore
« arrivés à l'accession de la richesse, qui cou-
« vrent une grande partie des frais... Plus leurs
« moyens sont limités, plus grande est la part du
« fisc. C'est non-seulement la proportionnalité,
« C'est la progression à rebours. »

Êtes-vous bien sûr de ce que vous avancez là ?
Quels sont les principes de droit et d'équité que

viole notre législation fiscale ? A quelles exactions, à quels conflits donne-t-elle lieu dans la pratique ? Vous ne citez pas un fait à l'appui de votre dire ; vous ne précisez pas un grief ; vous ne formulez pas même une critique.

Pensez-vous que, sur des déclamations vagues, sur des lieux communs, on puisse condamner un régime fiscal qui est pratiqué, non-seulement en France, mais en Angleterre, mais aux États-Unis, mais, en un mot, dans tous les États civilisés, quelle que soit d'ailleurs la forme de leur gouvernement ? Cela n'est pas admissible.

A la fin du dix-huitième siècle, il y avait encore des partisans de l'impôt unique, entre autres les Physiocrates qui voulaient faire supporter par la terre toutes les charges publiques : l'idée depuis n'a pas fait fortune. Née à la même époque, l'école socialiste prétend toujours transformer la société en un vaste pique-nique, où chacun mangerait à son appétit, quitte à y fournir ce qu'il pourrait : le bon sens aurait déjà fait justice de sa doctrine, si elle n'offrait pas aux intrigants un marchepied si commode.

Aujourd'hui, tous les économistes, tous les hommes d'État conviennent que dans un pays bien organisé, là surtout où tous les citoyens jouissent des mêmes droits civils et politiques, l'impôt doit porter sur toutes les branches du revenu, sur tous les produits du travail. Aussi ont-ils, pour que personne ne puisse se soustraire à ses obligations, imaginé des impôts de formes diverses : la contribution personnelle et mobilière, l'impôt foncier, la patente ; les droits de consommation ; l'impôt sur le revenu ; et les droits de timbre, d'enregistrement, de mutations par succession, donation, etc., qui frappent directement le capital.

Tel est le principe qui préside et présidera probablement, pendant de longues années encore, à l'établissement de nos budgets.

Le principe admis, s'ensuit-il, si je prends en particulier le budget de la France, tel qu'il se règle pour 1874, que je trouve tout pour le mieux dans le meilleur des mondes possibles? Non. Son chiffre est, à mon sens, beaucoup trop élevé ; et, par voie de conséquences, les contributions indirectes pèsent d'un poids trop lourd sur les classes ouvrières; l'agriculture est écrasée, l'industrie gênée dans son développement; le commerce, et encore je devrais peut-être spécifier et dire le

1.

haut commerce, seul marche d'un pied léger.

Au sortir d'une guerre funeste, qui nous coûte plus de 10 milliards, j'aurais voulu que l'Assemblée nationale tranchât dans le vif et opérât 100 à 200 millions d'économies tant sur les frais exorbitants de perception et d'exploitation que sur l'ensemble des services civils ; de plus, j'aurais voulu que les dépenses militaires ne fussent provisoirement augmentées que de 50 millions, cette somme me paraissant suffire à tous les besoins du moment.

Au lieu de 600 à 700 millions, il n'y eût eu à trouver que 500 millions. On eût pu les obtenir : soit en surélevant également tous les impôts, de manière à ne pas altérer le rapport existant entre les différentes valeurs; ou mieux en instituant un impôt, analogue à celui qui fonctionne depuis 1842 en Angleterre sous le nom d'*Income-Tax*, et auquel on aurait demandé 250 millions, en même temps que 250 millions aux impôts et revenus indirects. Mais l'Assemblée nationale en a jugé autrement.

Nous avons par conséquent à faire face : 1° à un budget général qui, avec certains services spéciaux, dépasse 2 milliards 600 millions ; 2° à un budget départemental qui atteint 350 millions; 3° à des charges communales que l'on peut sans exagération évaluer à 450 millions. C'est une jolie carte à payer : 3 milliards 400 millions !

Si vous analysez les voies et moyens destinés à faire équilibre à de si effroyables dépenses, vous constatez, en retranchant du tableau des impôts et revenus indirects les 550 ou 600 millions que doivent produire les droits de timbre, d'enregistrement et de mutations, qui ne sont indirects que de nom, qui portent directement sur le capital, et qui à ce titre auraient dû trouver grâce devant vous, vous constatez, dis-je, que : sur ces 3 milliards 400 millions, la propriété, le capital si vous aimez mieux, supporte tant directement qu'indirectement 1,800 millions, pendant que les 1,600 autres millions se répartissent sur l'universalité des habitants, sans distinction, et dans une proportion qui n'est pas aussi juste que je la voudrais sans doute, mais qui, nonobstant vos affirmations contraires, se rapproche cependant beaucoup de la vérité.

## II

Il faut examiner maintenant si un impôt unique, assis directement sur le capital, donnerait dans la pratique des résultats plus satisfaisants que ceux que nous venons de passer rapidement en revue.

Tout à l'heure, je vous reprochais de ne nous pas faire toucher du doigt les vices rédhibitoires de notre législation fiscale ; il me faut à présent vous demander comment vous surmontez, ou comment vous tournez les difficultés qu'offre l'établissement d'un impôt qui doit pourvoir à tous les besoins. Vous n'ignorez pas qu'il expose les contribuables à des mesures inquisitoriales et vexatoires, et l'État à des dissimulations et à des fraudes sans nombre.

Encore une fois, comment triomphez-vous de ces « impedimenta » consignés tout au long

dans une discussion célèbre qui s'est engagée,
il y a plus de vingt ans, devant l'Académie des
sciences morales et politiques, entre M. Du Puy-
node, partisan de l'impôt sur le capital, et M. De
Parieu, le champion de l'impôt sur le revenu?

A ce propos, je vous rappellerai qu'à la suite
de ce grand débat, auquel tous les économistes
ont pris part, la conclusion unanimement adoptée
a été que, si l'on parvient jamais à déterminer
avec exactitude la situation d'un chacun, c'est le
revenu, et non pas le capital, qu'il faudra choisir
pour base de l'impôt.

En effet, cette forme d'impôt unique serait très-
commode; assis directement sur le revenu que
chacun tire de son travail manuel ou intellectuel,
et de ses capitaux mobiliers et immobiliers, il
permettrait à l'Etat de demander à chaque ci-
toyen proportionnellement à ses propres ressources et aux besoins du Trésor. C'est l'idée qui
avait séduit Vauban, et dont il proposa l'appli-
cation sous le nom de dîme royale, concurremment
avec les aides. (Droits de consommation.)

Cet idéal, vers lequel on doit toujours tendre,
sans espérer de jamais l'atteindre, vous prétendez
le réaliser par l'impôt sur le capital. Voyons cela.

D'abord, voici quelque chose qui frise l'incon-
séquence. Vous reconnaissez que « les capitaux
« n'ont aucune valeur par eux-mêmes. » C'est
parfaitement vrai : le capital ne produit qu'à la
condition d'être employé ; mais étant employé,
ne savons-nous pas tous, par notre propre expé-
rience, qu'il peut donner des pertes aussi bien
que des profits ? Donc, en bonne logique, vous
devriez conclure que le capital n'est pas suscep-
tible de servir d'assiette à l'impôt. Mais passons
à ce qui me semble tout à fait décisif.

Après avoir proclamé que « l'impôt sur le revenu
est profondément inique, » vous appuyez votre
thèse d'un exemple : « Nous sommes, dites-vous,
« trois propriétaires ayant chacun 100,000 fr....
« L'un est un gros paresseux ; il choisit un bon
« placement bien sûr à 3 0/0. Si l'impôt sur le
« revenu est de 10 0/0, il payera 300 francs...
« L'autre achète des terrains, il attend une ex-
« propriation qui doit leur donner une valeur
« double. Il ne paye pas un sou à l'impôt... Le
« troisième met ses 100,000 francs dans le com-
« merce ; il obtient de ses 100,000 francs un bé-
« néfice de 30,000 ; il doit au fisc la somme de
« 3,000 francs. » Et vous ajoutez : « Est-ce juste ! »

Je réponds :

Quel que soit le système d'impôt adopté, la loi ne peut pas faire de distinctions.

Si, par hypothèse, l'impôt établi est de 10 0/0, calculés sur le revenu, elle demandera au premier propriétaire, sans se préoccuper de savoir si c'est « un gros paresseux » ou un ouvrier parvenu par son intelligence, son travail et sa probité, ou un agriculteur, un commerçant, un industriel qui prévoit qu'un jour viendra où ses forces trahiront ses efforts, ou bien s'il se consacre aux lettres, aux sciences, aux arts, ou même s'il appartient au clergé, à la magistrature, à l'armée, à l'administration, elle lui demandera, dis-je, à raison de 10 0/0 sur un revenu de 3,000 francs, la somme de 300 francs. A cela l'on n'a rien à dire.

Au second propriétaire, elle ne fera rien payer, et j'ajoute : elle aura raison neuf cent quatre-vingt-dix-neuf mille neuf cent quatre-vingt-dix-neuf fois sur un million, car le fait de ce spéculateur ne se présente qu'à l'état d'exception, comme celui de l'avare qui enfouit son trésor et celui du fou qui anéantit son bien. Généralement, quand on ne retire aucun revenu d'une propriété quelconque, c'est qu'on ne peut pas faire autrement, et alors on a droit à un dégrèvement d'impôts.

Au troisième propriétaire, elle réclamera comme au premier, 10 0/0 de son revenu, soit 3,000 francs. Et ce sera justice ! personne ne songera à plaindre ce mortel heureux qui, retirant 30 0/0 de son capital, devra verser le dixième de son bénéfice entre les mains du fisc.

Ce qui serait inique, *profondément inique*, ce serait de faire payer à chacun d'eux la même somme, 1,100 francs par exemple. Si vous ne l'avez pas compris, c'est parce que vous vous êtes mis vous-même en scène dans la personne du dernier propriétaire, et que l'intérêt vous a aveuglé. Sous les apparences d'un « *partageux* », vous pourriez, en matière de justice distributive, rendre des points au lion de la fable !

# III

Nous allons voir si « l'impôt sur le capital, débarrassant l'industrie de toutes ses entraves, donnant toute liberté à l'emploi des capitaux, permettra d'agir avec une vigueur qui nous a manqué jusqu'ici, » si, grâce à lui, « alors même que les frais généraux augmenteraient, les revenus de la France doubleront et quadrupleront, » si « il ne frappe jamais que la richesse acquise, s'il épargne la richesse en formation, si lorsqu'il frappe la richesse acquise il l'affranchit en même temps... s'il donne la liberté et assure la sécurité. » Ce sont vos paroles textuelles.

Qu'est-ce qu'un impôt qui affranchit alors qu'il frappe? et qu'entendez-vous par la richesse en formation? Vous seriez probablement très-embarrassé pour l'expliquer.

Mais ce qui est clair à vous crever les yeux, c'est qu'en supprimant d'un trait tous les impôts et revenus indirects et les douanes et les octrois, vous reportez nécessairement sur la propriété les 1600 millions qui leur incombent au budget de 1874. Voilà, d'après l'évaluation de M. Wolowski, qui fixe à 160 milliards le capital national, une aggravation de 1 pour 100.

Sur qui cette charge retombera-t-elle?

Évidemment sur le producteur, sur celui qui fait valoir le capital, et qui ne peut pas s'en passer. La force des choses ne permettra pas qu'elle porte sur le propriétaire du sol, dont le revenu n'atteint pas 3 0/0 en moyenne; quant au détenteur de valeurs mobilières, il a mille manières pour une de l'esquiver.

Vous aspirez à représenter un département essentiellement agricole; vous vous êtes certainement fait rendre compte de l'état de l'agriculture dans notre contrée. Eh bien! prenons le cultivateur de la Brie le mieux posé, celui qui a pour un long bail une ferme de 250 hectares de bonne terre, que j'estime à 3,000 francs l'un, plus un fonds de roulement de 250,000 francs. Voilà un capital de 1 million. Quel est, bon an mal an, son bénéfice ? C'est, vous le savez, 10,000 francs au maximum, juste ce que votre combinaison lui enlèvera ! Ils ne sont pas nombreux les cultivateurs comme celui-là ! Les autres, vous les constituez tous en perte.

Si l'agriculteur devait seul succomber sous le faix, vous pourriez encore vous en consoler en disant : « Bah ! il faut bien que le paysan paye ! » Mais la généralité des commerçants et des industriels ne s'en trouveront guère mieux. Leur situation, pour être un peu meilleure, ne diffère pas sensiblement de celle du gros fermier que je citais tout à l'heure.

En effet, si vous recherchez quel est le bénéfice net de la France entière, quelle est la somme qui, chaque année, régénère et augmente la richesse publique, vous trouverez qu'il n'a jamais dépassé 2 milliards 400 millions, soit environ 1 1/2 0/0 du capital national, pendant la dernière période de grande prospérité agricole, commerciale et industrielle. Quel est-il actuellement ? Rien de plus facile à calculer : nous avons plus de 15 milliards de frais généraux, chargés de 3 mil-

liards 400 millions d'impôts, et nous produisons
20 milliards; il reste donc moins de 1 0/0
et, en somme, moins de 1,600 millions à l'é-
pargne.

En vérité, ils sont ou bien insensés ou bien cou-
pables ceux qui, en France, crient à l'exploitation
du travail par le capital! Si on ne savait pas que
notre loi civile fractionne les capitaux jusqu'à
l'émiettement, si on ne connaissait pas notre peu
de goût pour l'association, on devrait bien plutôt
s'étonner que la France, qui est si laborieuse, si
économe, si prudente dans la vie privée et commerciale, — je ne dis pas en politique, — n'ait
pas chaque année une balance de comptes plus
favorable.

Mais revenons aux conséquences de votre système.

Que l'agriculteur, que le commerçant, que l'industriel soient frustrés de leur bénéfice légitime,
c'est déjà très-grave : vous découragez ainsi la
production; mais peu importe! Ils ne sont pas
« le nombre : » ce sont gens taillables et corvéa-
bles à merci. Ce qui est plus grave encore, c'est
qu'en grevant la matière première par excellence,
appelons la par son nom, le capital, vous provo-

quez une élévation immédiate dans le prix de revient de tous nos produits.

Pourront-ils continuer à lutter sur le grand marché international avec les marchandises des nations rivales? C'est douteux pour qui sait quelle peine ils ont actuellement à soutenir la concurrence étrangère. Mais s'ils sont refoulés, et ils le seront du jour où le capital, qui est déjà grevé de 1 1/8 0/0, se trouvera surtaxé à nouveau de 1 0/0; il faudra alors de toute nécessité que la production nationale se restreigne.

De là une nouvelle cause d'élévation de nos prix de revient, dont nos voisins ne manqueront pas de profiter pour venir écouler sur le marché français les produits de leur sol et de leurs fabriques.

Que ferez-vous alors? Rétablirez-vous le régime des prohibitions? Mais cela ne suffira plus; il vous faudra rebâtir la fameuse muraille de la Chine.

Et après? le travail s'arrêtera, faute d'aliment; une lutte sanglante d'intérêts s'engagera entre les contribuables et les non-contribuables, si bien que l'ouvrier, après avoir vu s'abaisser progressivement le taux de son salaire, sera contraint de s'expatrier pour gagner sa vie.

Telle est, en résumé, la brillante perspective que vous ouvrez devant lui, quand vous voulez le relever d'un devoir en le dispensant de payer sa quote part dans les charges du pays. Et Proudhon, qui n'était pas un chaud défenseur de la propriété ni des propriétaires, l'avait si bien compris qu'il écrivait : « Je ne donnerais pas trois ans à la société la mieux assortie de capitaux, la plus fortement constituée dans son économie, pour être sur les dents et à bout de ressources, si elle appliquait l'impôt sur le capital. »

# IV

Je reste confondu, lorsque je vous entends par-
ler « de répercussion violente de bas en haut; »
évoquer « les coalitions, les grèves, les colères,
« les émeutes, les révolutions; » accuser « l'impôt
« de venir s'interposer entre le besoin et l'objet
« destiné à le satisfaire, de provoquer la misère,
« d'affaiblir les forces du travailleur et d'abâtar-
« dir ses enfants.... d'être prélevé sur le besoin,
« sur le vêtement, sur la faim, sur la soif.... » Il
n'est pas jusqu'aux *priviléges* que vous ne ressus-
citiez pour les besoins de votre triste cause!

Après de pareilles prémisses, il n'y a qu'une
conclusion à tirer... et ce n'est pas une réforme!!!

Mais heureusement personne ne se laissera
tromper par vos bruyantes élucubrations. Beaucoup
ne verront dans votre Conférence que « *baste-
lage* » pur; d'autres, moins charitables, y vou-
dront voir une amorce lancée aux électeurs, une

de ces petites combinaisons, aujourd'hui si en vogue! qui consistent à faire naître des espérances chimériques dans l'esprit du public, pour, à un moment donné, enlever ses suffrages. Pour moi, je répugne à suspecter les intentions de ceux-là mêmes qui blessent le plus mes convictions, et j'aime mieux vous croire le jouet d'une illusion. Mille raisons, du reste, m'inclinent vers cet avis.

Prenez-y garde! il y a des gens plus dangereux que « *les ignorants et les routiniers,* » ce sont ceux qui, de bonne foi, accréditent des idées fausses; ils vont toujours trop loin, parce qu'il est écrit qu'on ne va jamais si loin que quand on ne sait pas où l'on va.

Si quelque force inéluctable vous pousse à vous faire imprimer, au lieu de créer un antagonisme entre le riche et le pauvre, au lieu de creuser un abîme entre le capital et le travail, que ne recherchez-vous les intérêts communs, les besoins réciproques et l'apaisement des esprits? Vous contribueriez ainsi, dans la mesure de vos forces, au relèvement de notre malheureuse France!

Le 30 mai 1874.

Paris. — Typ. de Rouge, Dunon et Fresné, rue du Four-St-Germ., 43.

www.ingramcontent.com/pod-product-compliance
Lightning Source LLC
Chambersburg PA
CBHW070222200326
41520CB00018B/5750